SECRETOS

REDES DE MERCADEO

Edgardo Moreno

Autor: Edgardo Moreno

Editor: Edgardo Moreno

Diseño interior: Francisco Martínez López

Contacto: Edgardo Moreno

edgardomorenov@gmail.com

Whatsapp +15626745958

Facebook: www.edgardomoreno.tv

Twitter: @edgardomlm

Instagram: edgardomorenoviera

Un proyecto editorial de

Tu Libro en 21 dias
www.Tulibroen21dias.net

Introducción

El ya muy conocido Cuadrante del Flujo del dinero nos enseña que para progresar en nuestra vida financiera debemos pasar de «Empleado» a «Autoempleado», y de ahí a «Dueño de negocio», y finalmente a «Inversionista».

Sin embargo, el 80 por ciento de las personas se queda en los dos primeros cuadrantes, y ellos manejan el 20 por ciento del total del dinero del mundo, mientras que el restante 20 por ciento, maneja el 80 por ciento del dinero —centavos más, centavos menos.

Esto se debe a que a la hora de pensar en cambiar de cuadrante en la vida financiera se suelen cometer dos pecados capitales fundamentales.

El primer pecado es el «pesimismo latinoamericano», por culpa del cual pensamos y decimos cosas como: «A mí no me tocó. No me toca, no me alcanza. Así me fue. No logré. No lo logro, no lo voy a lograr. Ni modo…, en mi país hay mucha pobreza. El gobierno, la marchas, la crisis…». Sin embargo, estamos olvidando que en todos los países hay ricos, prósperos, que compran Mercedes Benz, BMW y carros que de alta gama.

Siempre hay gente viajando, y los centros comerciales están abarrotados todo el tiempo. El dinero fluye por miles de millones, y que nosotros no hayamos tenido acceso a ese capital es algo diferente. Pero que hay gente con recursos, para invertir, es claro que sí hay.

El segundo pecado es la «inflación latinoamericana», y no me refiero a la provocada por las políticas económicas de los gobiernos, sino a la «inflación artificial de optimismo» que se ve reflejada en frases como: «Este es mi año. Ahora sí voy a ser libre. Pronto seré millonario. Voy a ayudar a miles de familia. Todos campeones. Nos vemos en la playas del mundo, etc.».

¿Por qué digo que son pecados? Por que nos alejan de la bendición de una vida altamente productiva.

Por otro lado, es la disciplina en la toma de «acciones masivas imperfectas» la que nos lleva a ver cada día pequeños resultados, que la siguiente semana son más grandes, y el siguiente mes nos sorprenden a todos, hasta el punto de que llegamos a preguntarnos que «¿por qué no lo habíamos hecho antes?».

Casi todos podemos pasar por este camino de frustración camino al éxito de los resultados. A algunos nos toma un minuto, a otros meses o años; pero, ¿de qué depende el tiempo de la transición?

Depende de lo desesperado que estemos. Sí, depende de la desesperación que nos suponga salir de la «zona de comodidad» —que de comodidad no tiene nada—, de esa zona que nos tiene sumergidos en una vida de mala calidad, de pocos resultados, de frustración, y de atracción de cosas malas como deudas, poco tiempo para la familia, mucho estrés, etc. Es esa zona a la que debemos tener rechazo, y no al desafío de comenzar cosas nuevas, de tomar riesgos medidos, de aprender cosas nuevas, de conocer nuevas personas, y vivir un estilo de vida nuevo.

Los 21 Secretos de las Redes de Mercadeo que te voy a presentar pueden darte las herramientas mentales, tecnológicas y de negocios para cambiar tu realidad, para sacarte de entre el 85% de Networkers que no tienen resultados y pasar a formar parte del 15% entre los que se distribuye el 80% de las ganancias de tu empresa.

Si lees un capítulo cada día, y lo pones en práctica de forma disciplinada, enfocada y con toda la energía posible, en 21 días podrás adquirir los conocimientos que te permitirán construir una vida empresarial con resultados diferentes, ejemplares para tus hijos y familiares, con resultados que afectarán de forma positiva a tus finanzas presentes y futuras y, así mismo, abrirás un camino para que muchos otros puedan pasar por él.

Si estas «cansado de estar cansado», «frustrado de estar frustrado» y estás decidido a «renunciar a las excusas», entonces estás listo para comenzar.

¡Bienvenidos a estos 21 Secretos de transformación!

21 Secretos

Contenido

SECRETO # 1

¿Qué significa vivir de los negocios en casa?

21 Secretos

El Secreto #1 es saber a ciencia cierta qué significa «vivir de los negocios en casa», vivir de las redes de mercadeo, de la venta directa, o vivir del internet, como yo le llamo. Vivir de los negocios en casa requiere un nivel de conocimiento muy diferente del que se obtiene cuando nos preparamos para un empleo o una profesión, requiere de un cúmulo de pensamientos y habilidades diferentes.

El principal desafío que tenemos que afrontar, cuando somos novatos, es que son numerosas las cosas que hay que aprender: liderazgo, prospección, hablar en público, mercadeo, redes sociales, etc. Y a veces no sabemos por dónde comenzar. Por ello te daré mi primer secreto: «Enfócate en las cosas que te permitan ganar dinero rápido».

Cuando estas ganando dinero, las demás cosas se resuelven mucho más fáciles que cuando tratas de ir por la vía lenta que es «aprender, aprender, y aprender y quizás algún día ganar algo de dinero».

Dios creó el Universo con «Leyes Universales», y las creas o no, te gusten o no, se aplican en cada esquina del planeta Tierra, en todas las culturas e idiomas, y tú debes conocerlas y aprender a respetarlas. La primera de dichas leyes es: «Todo lo que se siembra, es lo que se cosecha». No hay cosa tal para recoger cosecha de algo que nunca se sembró.

En las primeras etapas tendrás que invertir tiempo en una transformación mental, emocional y espiritual, que se reflejará en cambios pequeños en tus hábitos, que llegarán a ser la base fundamental del imperio que estás a punto de comenzar a construir.

Lo primero que tendrás que cambiar de tu mente son expresiones como «no puedo», y sustituirla por un «no sé cómo hacerlo, pero estoy aprendiendo a...», o como «no puedo pagarlo», por «no sabía que lo necesitaba, pero buscaré la forma de hacer la inversión». Esto significa que si necesitas algo debes de ser muy creativo y disciplinado para alcanzarlo, sin excusa y sin demora.

Nadie puede garantizarte que serás rico, eso solo lo puedes determinar tú. Y, si piensas y te preguntas: «¿Yo determino eso? La respuesta es sí. Para que lo comprendas de explicaré lo que en la práctica yo entiendo qué es la riqueza:

Riqueza es la materialización de pensamientos bien estructurados, que producen pequeñas acciones que resultan en soluciones, que se venden como productos o servicios y que generan grandes ganancias.

¡Qué tan grande, solo tú lo puedes determinar! Para algunos riqueza es pagar sus deudas, y vivir tranquilos con lo necesario, para otros es cumplir muchos sueños personales o familiares, y para otros consiste en una cifra que tienen en mente con lo que necesitan para retirarse a cierta edad y no tener que trabajar nunca más.

Pero, aunque nadie puede hacerte rico, sí existe quien puede capacitarte para que pienses de la forma correcta, tomes decisiones sabias, sientas de la forma apropiada y diariamente actúes con consistencia de tal forma que los resultados positivos sean parte natural de tu disciplina de vida productiva.

El éxito y la prosperidad son el resultado de una fórmula matemática:

La capacitación se suma a la acción y como resultado se obtiene el éxito, y mientras más veces multiplicas esa fórmula, más resultados obtienes y así de forma casi infinita.

Sin embargo, en esta época en la que es tan fácil y abrumador el acceso a información y capacitación, la mayoría de las personas están afectadas por la llamada «parálisis por análisis», siendo muy pocos los que son capaces de superar el desafío que supone poner en práctica lo que han visto y escuchado.

Esto nos ha convertido en la generación más informada de toda la historia de la humanidad, a la vez que una de las que menos acción toma con lo que sabe. Lo que nos hace concluir que no es el acceso a la información y la capacitación el problema, sino la implementación de lo que se aprende.

Una persona con acceso a la capacitación que no toma acción, es peor que alguien que no tiene acceso a la capacitación.

El factor que marca la diferencia entre los que «hacen lo que tienen que hacer» y los que «saben lo que tienen que hacer», es que los que «hacen» deciden voluntariamente sacrificarse y dejar la zona de comodidad, y comienzan a caminar por la carretera del eterno aprendizaje, de la humildad para aprender de otros y del compromiso con sus ideales y los de su familia, que los obliga a poner en práctica lo que aprenden.

Los que tienen éxito pasan por el camino del «SER», para luego aprender a «HACER», para así pronto llegar a «TENER».

SER-HACER-TENER, ese es el camino que nunca se te tiene que olvidar.

En este punto es indispensable que entendamos que hay que destruir el «autoboicot» que caracteriza al latinoamericano. Y, para ello, habrá que renunciar a la mayoría de pensamientos limitantes, negativos y destructores que arrastramos desde nuestro pasado., y que son los responsables de habernos llevado a donde estamos en este momento.

Todos los «no puedo», «no pude», «me dijeron que no lo lograría», «me dijeron que era difícil», «soy viejo», «soy joven», «no tengo estudios», «la tecnología no es lo mío», «no se vender», «no me gusta vender», etcétera, no pueden seguir siendo parte de tu vocabulario, si lo que tú quieres es ganar dinero y tener éxito.

Igual que la semilla debe introducirse en la tierra para que nazca un árbol, para «vivir del internet» o de los negocios desde casa, lo primero que hay que hacer es sumergirse en una tierra fértil, con la mente apropiada, sabiendo lo que creemos, sin la necesidad de esperar la «aprobación» de los amigos, vecinos, o incluso de la familia.

Otro elemento indispensable, que acompaña al secreto número uno, es la fe, es la convicción sobre cosas que creemos, aunque aún no hayan sucedido, incluso cuando otros piense que no van a suceder. Esa fe es indispensable para poder lograr cosas que otros no pueden lograr, y para vivir estilos de vida que otros no podrán vivir.

Vivir del internet y de los negocios en casa requiere convertir los pensamientos en sentimientos profundos de satisfacción. Por ello, cada pequeño conocimiento adquirido, cada experiencia —buena y mala—, cada avance en la construcción de nuestro sueño, debe formar parte de un sentimiento profundo de que vamos en la dirección correcta, porque esos sentimientos se convierten en las acciones imperfectas que cada día se profundizan en nosotros, y que llegarán a ser los hábitos que finalmente darán como resultado el éxito.

Son las acciones imperfectas, convertidas en hábitos, las que darán los resultados que materializan nuestros más profundos deseos.

El pensamientos positivo es bueno, al igual que el pensamiento creativo. Las declaraciones positivas son buenas pero deben ser seguidas de cientos y miles de pequeñas acciones diarias constantes —ni dispersas ni esporádicas—, para que den resultado.

Vivir del internet y de los negocios en casa, requiere cambiar desde el modo de «coleccionista de conocimiento» al de «ejecutor del conocimiento». Porque, de hecho, no es lo que sabemos lo que hace la diferencia, sino lo que hacemos con lo que sabemos. Porque la cantidad de cursos o seminarios que tomemos no marcará la diferencia, sino la cantidad de horas, principios y técnicas que pongamos en práctica de forma inmediata.

Hay un gran poder oculto en cada pequeña acción que realizas después de un evento de capacitación. Y, cuando lo descubres te vuelves adicto a aprender y ejecutar, y vas por la vida creciendo en resultados, a la vista de todos, sin que ellos sepan que también lo pueden hacer, pero que la diferencia está en el segundo paso, en la ejecución.

Acaso, ¿no te ha pasado que estuviste en un entrenamiento con alguien y que cuando seis meses después lo viste él había cambiado de auto? Había ganado diez veces lo que tú ganaste y, entonces, te preguntaste: «¿Cómo lo hizo?».

¿Te has dado cuenta de que la diferencia está en que él salió obsesionado por poner en práctica lo aprendido, y tú sigues todavía pensando si es bueno o malo, si funcionará o no?

En el peor de los casos sigues buscando la última coca cola en el desierto, o el último botón mágico, del último gurú.

Seguro que a tu amigo o socio no le funcionó todo, pero tu amigo se dio cuenta, no se detuvo, y puso en práctica lo que funcionó, y hoy vive los resultados.

Hace unos años conocí a Brandon Burchard, de «Expert Academy», y su conocimiento fue tan poderoso que decidí fundar y desarrollar la «Academia de Expertos». Desde entonces he entrenado a miles de personas para ser altamente productivas, y gracias a ello mi nivel de influencia y de ingresos ha crecido exponencialmente.

No lo pensé, salí del evento directo hacia el hotel, compré el dominio en internet, creé un sitio web de capacitación, y comencé a vender el entrenamiento, incluso antes de haberlo escrito en español. Los que lo tomaron son hoy líderes en su empresa y en la industria. Muchos son escritores, conferencistas y coaches, ya que logré transmitir, de forma imperfecta pero con mucha emoción, lo que Brandon me había enseñado.

Después me pasó lo mismo con Taki Moore. Viajó de Australia a San Francisco, era un perfecto desconocido, pero el «Millionaire Coaching Program» ofrecía algo que yo estaba buscando: cómo usar el Coaching como estrategia para generar ventas arriba de un Millón de dólares. Y, ¿qué creen que pasó? Salí del seminario, después de 3 días, y creé la versión criolla del «Coaching Millonario», y comencé a compartir las técnicas que hasta el día de hoy nos han permitido, a mis alumnos y a mí, facturar varios millones de dólares, en campos tan diversos como el multinivel, el mercadeo de afiliados, el comercio electrónico, los negocios tradicionales y los servicios profesionales.

Con estos ejemplos, lo único que quiero es que te quede claro que en este nuevo mundo lo que hace la diferencia entre el fracaso y el éxito es lo que haces con la información, y no solo tener la información.

Muchos me escriben o me llaman contándome sobre el gran negocio que están comenzando, o el producto revolucionario que están promoviendo. Quieren mi opinión, y en la mayoría de los casos me quieren reclutar o asociar, pero mi pregunta es: «¿Y tú cómo estás?».

Si tú eres de los que quiere vivir del internet o de los negocios de multinivel, también te planteo el mismo tipo de preguntas:

- ¿Cómo está tu presencia en redes sociales, de 1 a 10?
- ¿Cuál es tu nivel de atracción y credibilidad, de 1 a 10?
- ¿Cómo está tu conocimiento de mercadeo orgánico,

de 1 a 10?

- ¿Cual es tu conocimiento de mercadeo pagado, de 1 a 10?

- ¿Te ves en el mismo negocio durante 1, 5, o 10 años?

Y, ¿por qué esto es importante? Porque, «en el siglo XXI, como te veo te trato». Esto quiere decir que tus resultados son proporcionalmente directos a la percepción que el público tiene sobre ti, sobre la forma en que presentas tu oferta.

Si sigues con la mala costumbre de hacer una lista de gente, que no ha manifestado ningún interés, suponiendo que por ser conocidos, medio amigos o familiares estarán obligados a escucharte y acompañarte en tu nueva aventura, es como si cualquiera que entrara en la facultad de medicina esperase que sus familiares y amigos también querrían ser médicos.

El ¨cerebro digital» de nuestros «prospectos digitales», que en español suman más de 500 millones de potenciales clientes, es un cerebro entrenado para comprar, pero no para que le vendan, aman comprar y les encanta los productos digitales. Si no lo crees pregúntale a Amazon, o a Netflix.

En el ecosistema digital en el que se desarrolla la nueva economía, esta verdad es la que mantiene a 9 de cada 10 emprendedores en una zona de pocos o nulos resultados.

Por eso he escrito este libro, y creado este curso, para ayudarte a pasar del deseo de ganar dinero al estilo de vida de «vivir del internet», de «vivir de los negocios desde casa», o «vivir de las redes de mercadeo social».

Tú puedes comenzar a construir un imperio desde la cocina de tu casa, o desde tu apartamento. En mi caso me encuentro dando los últimos detalles a este libro en un apartamento, rentado por medio de una aplicación, en la ciudad de Las Vegas, donde acompañé a unos de mis alumnos a recibir el reconocimiento por ser uno de los primeros «millennials» en ingresar al «Hall de la Fama del millón de dólares», de la especialidad de Redes de Mercadeo. Este es, básicamente, un reconocimiento que se da a quienes han ganado más de un millón de dólares en los últimos 12 meses.

La geografía, el tiempo y la distancia desaparece en este nuevo mundo cuando se trata de usar la tecnología para construir un nuevo modelo de negocio, que nuestros padres no conocieron, y que muchos de nuestros socios no conocen, ni conocerán.

Vivir del internet, de los negocios en casa o de los negocios de redes de mercadeo es posible siempre y cuando te decidas a pensar, a sentir y actuar de modo digital. Te voy a poner un ejemplo:

Imagina que haces un video de 30 minutos para hablar de los beneficios de tu producto o servicio, y lo transmites por Youtube y Facebook. Te tomó dos horas prepararlo y una hora grabarlo, o sea, trabajaste tres horas. Y, después de una semana, esas 3 horas de trabajo ya produjeron treinta dólares de ganancias, eso quiere decir que cobraste ganaste diez dólares por hora, pero si después de un mes ya generaste

300 dólares, eso querrá decir que cobraste a 100 dólares por hora, y ¿qué pasa cuando ese mismo video ya produjo 3,000 dólares? O sea, 1,000 dólares por cada hora de trabajo.

Esa es la matemática que hay que aplicar en el mundo digital, y hay que aprender a hacerlo profesionalmente.

En el próximo capitulo te diré lo que necesitas y lo que no necesitas para «vivir del internet» o de tu «negocio desde casa».

SECRETO # 2

¿Qué necesitas y qué no necesitas para tener éxito en tu negocio?

21 Secretos

Lo primero que debemos entender es que las cosas han cambiado, nos guste o no, lo entendamos o no, o lo sepamos o no. Y al igual que con las leyes universales, alguien puede decir que no cree en la ley de la gravedad o que no le gusta o, en el peor de los casos, que no sabe que existe, pero no importa en qué parte del mundo viva, cuando suelta un objeto es atraído hacia el centro de la Tierra, por que es una ley.

En nuestra realidad las cosas cambiaron. La gente compra de forma diferente, ahora ya no se usan las agencias de viajes, sino que se utilizan aplicaciones, ahora ya no nos transportamos en taxis amarillos, ahora son de todos colores y los contratamos por medio de una aplicación, ya no nos hospedamos en hoteles, hostales y moteles, ahora podemos rentar una casa particular, una habitación o una mansión por una noche o por un año usando una aplicación. La telecomunicación no es exclusiva de una empresa, y hoy todos tenemos Messenger, Facetime, WhatsApp, etc.

Ahora no vamos a la librería, los libros llegan a la puerta de nuestra casa, no vamos al restaurante al autoservicio, ahora el autoservicio llega a la puerta de casa, ni siquiera vamos al supermercado porque ahora el supermercado nos traer la compra a casa.

Lo que no necesitas

Todo cambió, por eso te puedo decir con certeza que:

- *No tienes que tener productos propios en stock.* La mejor forma de comenzar un negocio en el nuevo mundo es comenzar con los productos que son exitosos, fabricados, almacenados y distribuidos por otras personas o empresas. Nosotros nos quedamos con una parte por ser promotores. Esta modalidad es conocida como Mercadeo de Afiliados, Mercadeo Social o Multinivel. En un futuro esto puede cambiar pero ahora tú te puedes hacer millonario con solo aprender a vender productos de otras personas al mercado apropiado. ¡Y te puedes sorprender con lo fácil que esto es!

- *No necesitas un local físico, con todos sus costos asociados.* En el pasado lo primero que una persona pensaba para comenzar un negocio era desde dónde iba a operar. En el nuevo mundo puede operar desde su cocina, desde su dormitorio, desde una oficina improvisada o desde un café con conexión a internet.

- *No todos los productos que se venden son físicos.* En el pasado cuando se hablaba de productos siempre se pensaba en productos tangibles, pero en el nuevo mundo los productos intangibles, digitales y los servicios suman más del 69% de la oferta en internet, y generan márgenes de ganancia extraordinarios. Su entrega es casi instantánea, a una mínima fracción del costo de lo que costaría producir y vender productos físicos. Muchas veces combinamos un producto digital como parte de la oferta de un producto físico.

– *No necesitas empleados.* En el nuevo mundo el «outsourcing» o la subcontratación por servicio elimina los costos fijos de empleados. Los programas informáticos y las herramientas digitales, así como el uso correcto del mercadeo orgánico y pagado eliminan la necesidad de vendedores y/o promotores de costo fijo.

– *No tienes que esperar los pagos hasta que termine el proceso de la entrega.* En el mundo tradicional un fabricante no lograba ver sus ganancias hasta que entregaba sus productos, su servicio final, y a veces hasta varias semanas después de terminado, por el conocido proceso de pago. Sin embargo, en el nuevo mundo de los negocios podemos llegar a cobrar incluso antes que el producto o servicio sea entregado al cliente.

– *No dependes de una ubicación específica.* Los negocios ahora los llevamos en la bolsa o en una mochila, puedes viajar y llevarlos contigo, no están limitados geográficamente, de ahí que sea una «necedad» seguir pensando solo en negocios en nuestra ciudad o país, cuando el mercadeo digital nos permite vender o prospectar sin pensar en barreras geográficas.

– *No hay horario para abrir y cerrar un negocio.* Antes tener un negocio suponía un verdadero sacrificio porque para lograr el éxito en el mismo era determinante cumplir con un horario fijo. Ahora podemos operar negocios que funcionan literalmente las 24 horas del día, y podemos tener vendedores virtuales que atienden la demanda, que hacen presentaciones, que facturan y que cobran nuestras ganancias, incluso cuando nosotros estamos durmiendo.

- *No necesitas resultados personales para hacer negocio.* En el nuevo mundo es más importante lo que puede decir otro consumidor del producto que lo que diga el fabricante. Por ello, en el nuevo mercadeo nos apalancamos en las experiencias, opiniones, recomendaciones y testimonios de otros consumidores como uno de los más efectivos métodos de validación de cualquiera de nuestros productos o servicios. La multimillonarias ventas que reporta Amazon suceden sin que nadie diga una sola palabra. Las personas validan un producto con solo leer la opinión de un par de consumidores que recomienden la selección de un producto.

- *No necesitas un título universitario.* En el pasado, el éxito y la prosperidad económica estaban basados en la tenencia de tierra, después llegó la revolución industrial y el éxito y prosperidad económica se basaron en la propiedad o posesión de la maquinaria de producción. Después llegó la era del conocimiento y todo el éxito tenía que ver con los títulos universitarios, maestrías y postgrados que se poseyeran. Pero en el nuevo mundo todos esos modelos económicos se han fusionado, y gente con poco o nada de capital y mucha creatividad y disciplina puede lograr brillar como una estrella y obtener grandes ganancias. ¡Tú puede ser uno de ellos! Además, si por otro lado, si tienes la bendición de contar con estudios universitarios o superiores, el conocimiento que posees se puede convertir en tu primer fuente de ingreso. La posesión de un título universitario ya no es sinónimo de éxito, ni la carencia de él implica la pobreza. Ahora tenemos muchos universitarios que viven endeudados, en la pobreza, y muchos individuos sin estudios formales que amasan fortunas en la nueva economía.

– *No necesitas mucho capital para comenzar.* El en el pasado los préstamos hipotecarios eran indispensables para comenzar un buen negocio. De hecho la mayoría de buenos negocios comenzaban a partir de grandes deudas o préstamos, pero en la actualidad unos miles de dólares, son suficientes para comenzar empresas que en pocos meses pueden llegar a generar decenas de miles de dólares. El secreto es saber que antes se invertía primero en el negocio y el producto, y ahora se invierte primero en el conocimiento, para fallar lo menos posible, y también se invierte más en la creación de la comunidad que servirá de base de consumo.

– *No necesitas ser un «experto en tecnología».* Ser un experto en tecnología no es indispensable, ya que eso se puede solucionar contratando a las personas adecuadas o aprendiendo de ellas cómo solucionar los desafíos de la nueva economía. El método pasa a un segundo plano, siendo el objetivo lo más importante.

Lo que necesitas

Para prosperar en el nuevo mundo debes saber que:

- *Necesitas adoptar el pensamiento del mundo digital.* Este es un mundo que funciona en base a números y no a sentimientos. Las estadísticas son la base del éxito en el nuevo mundo: estadísticas, nichos de mercado, de hábitos de consumo, números de exposiciones, números de clics, números de contactos y finalmente números de conversiones, ventas y tratos cerrados, etc.

- *Necesitas seleccionar un nicho de mercado o público, hambriento del producto o servicio que intentas vender o mercadear.* La popularidad de los productos es cada vez más corta y la competencia muy fuerte, no existe casi ningún producto que no tenga un similar en el inventario de Amazon o de Ebay, a un precio menor que el de tu producto. Por lo tanto, saber seleccionar productos a partir de la demanda es muy importante, especialmente cuando están en la curva del «Momentum».

- *Necesitas conocer a tu nicho, mejor que tu producto.* Si conoces tu producto y no el dolor, el desafío o el problema que enfrentan emocional y físicamente tus prospectos, no tendrás la capacidad de hacer una conexión emocional que produzca ventas.

- *Necesitas construir una imagen que te sirva para hacer negocios hoy, dentro de un año y dentro de cinco años.* Nada al azar, todo debe ser planificado estratégicamente. Cada publicación, cada foto, cada imagen, cada video debe ser parte de una estrategia y no de parte de un juego de la ruleta de la suerte.

- *Necesitas mentores que te guíen por el camino corto.* Siempre existe la opción del viaje largo y a poca velocidad, pero en el nuevo mundo lo que antes tardaba diez años hoy puede tardar uno, siempre y cuando se cuente con la guía de personas experimentadas, y con resultados comprobados.

- *Necesitas adquirir conocimientos fundamentales para el éxito.* En el pasado necesitabas ir a la universidad unos cinco años e invertir unas diez mil horas, de estudio y práctica, para tener la opción de tratar de obtener un empleo que medianamente podía llegar a pagar tu estilo de vida deseado. Ahora unas cien horas pueden generar igual o mejores resultados que esos cinco años de estudio.

- *Necesitas herramientas.* Solo una docena de herramientas pueden hacer verse como el profesional más importante de tu nicho de mercado, de tu empresa o frente a tu competencia. Saber seleccionarlas y usarlas apropiadamente es muy importante.

- *Necesitas disciplina más que inteligencia.* Una vez

adquiridos los conocimientos fundamentales, tu proyecto tendrá éxito si ejecutas el mercadeo todos los días, varias veces al día, ya sea orgánico o pagado. El mercadeo diario es «el secreto» que muchos buscan para tener resultados todos los días. Un día perdido sin presencia en las redes sociales equivale a veintiún días fuera del internet.

– *Necesitas un embudo o ecosistema automatizado.* Los embudos son el nuevo gran secreto del éxito en los negocios, por supuesto cuando el público al que buscamos o nicho de mercado está conectado a las redes sociales. A veces el embudo lo tienes que construir desde cero, otras veces solo lo tienes que activar para que tu negocio comience a tener potenciales clientes, en pocas horas. Esto es lo más nuevo y lo más efectivo en este momento. Un embudo comprende el proceso desde el primer contacto, hasta la etapa de cierre, y en la mayoría de los casos podemos lograr que dicho proceso ocurra sin nuestra participación.

SECRETO # 3

El Viaje de Empleado/Profesional a emprendedor y de ahí a emprendedor exitoso

Si bien el «Cuadrante del Flujo del Dinero», de Robert Kiyosaki, nos explicó de forma magistral los cuatro niveles o estaciones de un viaje financiero desde empleado a inversionista, poco entendimos sobre cómo se pasa de una estación a otra, sabiendo que cada persona es diferente.

Lo importante es entender que la primera estación, la de empleado, poco o nada tiene que aportar en la mayoría de los casos a un anhelo de independencia financiera, excepto que sea un trabajo muy bien pagado. Sin embargo, en la mayoría de los casos los empleos solo nos ayudan a cumplir medianamente con nuestros compromisos de una vida limitada.

La estación de autoempleado es obligatoria, y constituye el inicio de lo que puede ser la construcción de un proyecto que nos lleve hacia el nivel de ser dueños de un verdadero de negocio —sistema—, y de tener la capacidad de invertir en múltiples fuentes de ingresos, especialmente las que generan un ingreso pasivo.

Pero en el autoempleo cometemos varios errores de los que debemos tener mucho cuidado:

1. *Debemos de evitar convertirnos en autoempleados de tiempo completo.* La decisión de pasar de ser empleados a autoempleados, con horarios de trabajo aún mayores de los que teníamos cuando trabajábamos para otras personas, es señal de que no entendimos la idea principal de lograr un mayor equilibrio entre mejorar nuestros ingresos y

también mejorar la cantidad de horas libres. Esto es indispensable para que el proyecto sea válido y no frustrante.

2. *Debemos ser autoempleados inteligentes.* Por supuesto que el sacrificio es parte de esta etapa, pero es la adquisición de conocimientos, habilidades, técnicas y experiencias, la que nos puede convertir en «autoempleados inteligentes». Lo que quiere decir que debemos hacer un buen uso de la tecnología para lograr que los trabajos repetitivos sean realizados de forma automatizada la mayoría de veces, lo que nos permitirá enfocarnos en aquellas cosas que son más importantes, y que solo nosotros podemos hacer.

3. *No debemos inventar la rueda.* Si otros ya están logrando buenos resultados en nuestro campo, modelar o sea «copiar y adaptar» su sistema a nuestro modelo es la mejor recomendación. Hay que ver lo que está funcionando para otras personas y aplicarlo lo mejor que podamos para alcanzar sus mismos resultados en el menor tiempo posible.

4. *Las inversiones deben ser muy inteligentes en está etapa.* Benjamin Franklin, político, polímata, científico, inventor estadounidense y considerado uno de los Padres Fundadores de los Estados Unidos afirmó en el siglo XVII: «Vacía tus bolsillos en tu mente y tu mente llenará tus bolsillos».

Y esto es uno de los mayores desafíos de los autoempleados, ya que en el viejo mundo se nos enseñó a invertir en cosas, en materias primas, en productos, pero no en nuestra mente. La mente es infinita, evoluciona y es creativa, y , sin embargo, los productos son estáticos. Por ello debemos entender la importancia de entrenarse constantemente para alcanzar nuestros resultados lo más pronto posible, y hacerlos permanentes en el tiempo.

5. *No ignores los cinco Capitales de todo negocio exitoso.* El tema de inversiones y capitales de trabajo es uno de los más ignorados, y por lo tanto es uno de los aspectos más dañinos en los negocios cuando se desconoce esta verdad.

Los presupuestos de inversión que todo emprendedor o autoempleado debe tomar en cuenta son:

a) *Capital de Instalación.* Ese es el capital semilla con el que se inicia todo negocio.

b) *Capital para Mantenimiento.* Todo negocio, sin importar del tipo que sea —ya estemos trabajando desde casa, promoviendo productos digitales o físicos, hagamos multinivel o vendamos comida desde casa—, necesita considerar el presupuesto para mantenerse abierto por varios meses, antes incluso de que comiencen a llegar las ganancias. Muchos empresarios no consideran esto y el segundo mes ya están con problemas.

c) *Capital para Capacitación.* Al igual que las grandes corporaciones, un negocio desde casa requiere que su dueño se esté capacitando todo el tiempo, adquiriendo conocimientos, técnicas e incluso pagando asesorías o mentorías especificas para sacar adelante el proyecto.

d) *Capital para Mercadeo.* Ningún negocio en el mundo crece sin mercadeo, y mientras más capital hay para promoverlo, más rápido es su crecimiento.

e) *Capital para crecimiento o expansión.* La idea desde el inicio de todo emprendimiento o negocio debe ser la de «ser grande». Por lo tanto, debemos tener un plan claro de dónde van a venir los recursos cuando aumente la demanda o cuando descubramos una «veta de oro» en nuestro negocio y tengamos que crecer.

Cuando explico todo esto a alumnos que trabajan en las Redes de Mercadeo me dicen que esto no se aplica a ellos. Realmente es ahí donde está el error, porque no logran ver que ellos hacen un negocio, a pesar de que tenga una estructura de ganancias que está distribuida de diferente manera a la del mundo tradicional de negocios.

Ignorar esta realidad les cuesta el éxito y les genera muchas decepciones y frustración.

Todo negocio de Redes de Mercadeo necesita un capital de inversión inicial que, por cierto, no debe ser en base al los mínimos de inversión, sino en base a los máximos de ganancias y de optimización del plan de compensación de cada empresa.

El capital de mantenimiento se necesita para las compras mensuales que incluyen el consumo mínimo necesario para mantener operando el plan de compensación a nuestros favor, los productos que vamos a vender en el mercado natural, y las muestras que vamos a compartir, etc.

Los demás capitales de inversión son normales en todos los negocios, incluyendo el de las Redes de Mercadeo.

Una vez entendido todo esto, estamos en camino de no solo ser emprendedores, sino de ser emprendedores exitosos.

Este camino se culmina cuando logramos desarrollar «sistemas» que trabajen para nosotros en las etapas de:

- Prospección
- Presentación
- Ventas
- Distribución o entrega de productos y/o servicios

Dominar estas etapas es importante para lograr una verdadera independencia financiera y también de tiempo.

No basta solo con los buenos deseos, es necesario saber implementar la automatización para lograr resultados a una mayor velocidad y en mayor escala de lo que lo haríamos sin el uso de la tecnología a nuestro favor.

Como todo en la vida, habrá momentos de desesperación o frustración, pero el objetivo vale la pena, e incluso recibiremos críticas y ataques, pero eso es normal, no todos pueden ver lo que nosotros vemos.

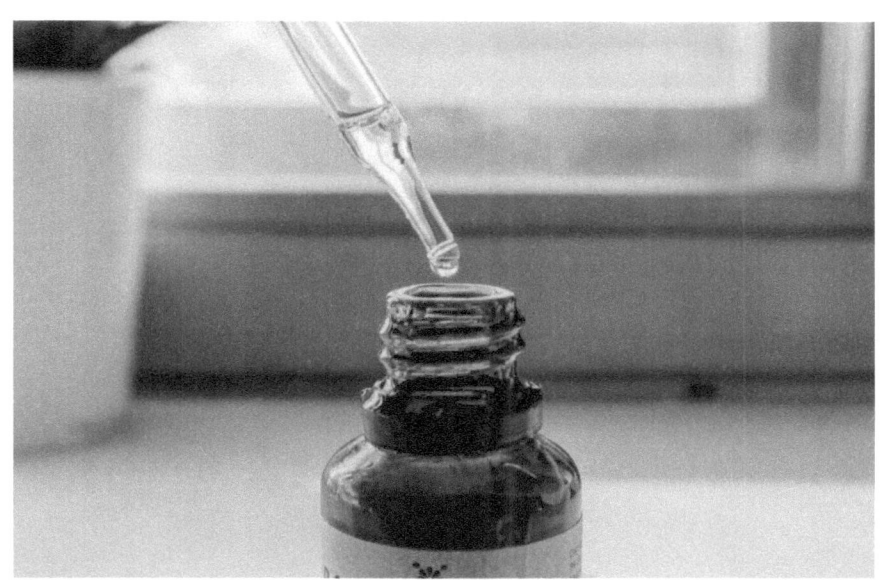

SECRETO # 4

Un modelo de negocio que no sea defectuoso

Elegir el modelo de negocio adecuado es una de las decisiones más importantes de tu vida empresarial. Sin embargo, la mayoría de las personas no saben evaluar cuál es el modelo de negocio adecuado a su personalidad y adecuado al momento histórico de cambios que estamos viviendo.

Hay personas que sin darse cuenta quieren comenzar negocios en mercados en los que otros competidores tradicionales dominan, imponiendo condiciones que no permiten que nadie acceda a ese mercado, con precios muy competitivos, con los que no se puede luchar, y muchos menos desde un negocio basado en el hogar.

Otras personas toman la decisión importante de iniciar un negocio o de promover un producto o servicio en base a la información superficial que otros les han presentado, pero sin hacer una investigación no emocional de las implicaciones, posibilidades, requerimientos y de la demanda, así como de su propio conocimiento del tema o especialidad involucrada en el mercadeo que tendrán que hacer.

En mi práctica diaria, como Coach de Negocios, experimento frustración cuando muchas personas me escriben pidiendo que evalúe sus negocios. Negocios en los que invirtieron sin antes preguntarse si ese negocio era apropiado para sus habilidades, conocimientos, experiencias, presupuestos y proyectos de vida, etc.

En los últimos días está muy de moda que las empresas de multinivel busquen cobertura legal en la oferta de turismo, tipo agencia de viajes. En el pasado para poder vender servicios turísticos había que tener una licencia de la Asociación Internacional de Transporte Aéreo (IATA), y la razón era que enviar a una persona de viaje a un país lejano debe requerir algún tipo de responsabilidad del vendedor, para asegurar que lo que se ofrece es lo que realmente el pasajero recibirá. Además, la profesión de Agente de Viajes requiere identificar su especialidad: Lunas de Miel, Cruceros, Caribe, Grupos, Viajes Corporativos, excursiones por tierra, buceo, etc. De ahí que cuando una persona ingresa a un negocio de este tipo, sin tener el conocimiento del sector turístico, la emoción le dura muy poco, y su tarea se reduce a la de un reclutador de una pirámide disfrazada.

Lo mismo puedo decir de los negocios de afiliado o de mercadeo multinivel que promueven educación financiera, educación de inversiones, etc. Si la persona no tiene experiencia en operaciones bursátiles, de moneda extranjera o en criptodivisas, muy poco podrá hacer, salvo repetir el discurso de sus patrocinadores.

Muchos de los que me consultan esperan que yo les diga que la decisión fue apropiada, aunque no lo fue, y que el negocio es bueno, aunque no es adecuado para su experiencia y habilidades.

Muchos de ellos no conocen el mercado, y mucho menos la industria en que se meten, y lo peor es que no tienen la intención de aprender, y solo buscan una aprobación moral para apaciguar su conciencia del error que cometieron.

Una cosa que debemos saber es que todos los modelos de negocios son «defectuosos». Ninguno es perfecto, ni infalible. Todos tienen factores buenos y otros no tan buenos, pero eso no significa que dejen de ser buenas opciones. Lo importante es que nosotros seamos muy buenos para esa opción.

Quizás hayas oído decir que «a donde vas te llevas». Eso significa que si no sabes de un negocio, aunque el negocio sea muy bueno, en tus manos será un fracaso, y que si no sabes hacer mercadeo o seleccionar apropiadamente a los potenciales clientes o socios, todo terminará en un desastre.

Hablando estrictamente de negocio, hay algunos aspectos que es indispensables analizar:

- *Demanda del producto.* Si un producto tiene una demanda limitada o su mercado está lejos de ser tu mercado de influencia masivo, quizás no es una buena idea.

- *Momentum.* Cada producto o servicio tiene un «Momentum», que básicamente es sinónimo de «popularidad». Estar en el momentum, en tu territorio de influencia, es muy importante, aunque la creatividad de cada emprendedor puede marcar la diferencia al tomar productos, que quizás ya tienen tiempo en el mercado, y al añadirle valor agregado hacerles presentar como una buena opción.

Hay productos que nunca pasarán de moda, debido a que su demanda está ligada a la naturaleza humana, siendo la competencia en ellos muy grande. Por ello es necesaria la innovación en el momento de comercializar ese tipo de producto o servicio.

Recuerdo hace dos años cuando llegaron a mis manos los «spinners». Un buen amigo me dijo que él había vendido más diez mil «spinners» en los últimos seis meses e inmediatamente compré más de dos mil. Lo hice sin hacerme estas dos preguntas fundamentales: ¿Desde cuando se están vendiendo? ¿Cuánto más aguantará en el mercado la demanda?

La respuesta la obtuve muy pronto: los primeros mil se vendieron como pan caliente, luego bajó la demanda y los últimos quinientos los regalé, ya que el mercado pasó de $19 dólares a $1 dólar por «spinner». Increíble pero cierto, así de rápido se mueven los «momentum» de algunos productos y servicios.

Hace 25 años recuerdo haber conocido la primera empresa de Turismo de Multinivel, que se presentaba como una excelente oportunidad para aquellos que estábamos relacionados con el mundo del turismo y que se nos exigía, entre otras, una certificación IATA para poder vender reservas de hoteles y boletos de avión. En este momento los hombres de negocios y las familias tienen acceso directo a los mejores precios de los hoteles, rentas de autos y tarifas aéreas y de cruceros, en aplicaciones que sustituyeron a las agencias de viajes, y quizás un Multinivel como el de hace 25 años ya no tiene mucha oportunidad, llegó 25 años tarde.

En un primer momento las líneas aéreas solo vendían por medio de agencias y mayoristas, hoy le venden al mismo precio al cliente, o incluso más barato, por medio de sus «websites». Existen plataformas que monitorean en tiempo real las ofertas de cruceros, hoteles y servicios turísticos, y ofrecen al consumidor final lo que nadie más puede ofrecer: el mejor precio disponible en el momento de la compra, GARANTIZADO. El negocio del turismo suena bien, pero la pregunta es: ¿Existe oportunidad para otros intermediario, especialmente cuando no son viajeros frecuentes o no conocen la industria?

- *Costo Beneficio.* Este es un factor de vida o muerte para todo negocio, de hecho el 80% de los emprendimientos terminan en menos de 18 meses después de haber iniciado por no tener claro desde el principio los márgenes de ganancia.

  Ya pasamos la época en que ganar un 5%, 10% o 15% era suficiente. Eso es bueno para el fabricante, pero no para el intermediario, de ahí que sea importante buscar negocios que dejen importantes porcentajes de ganancias, para que en cada operación ganemos lo suficiente.

A mí me gusta decir que en toda operación de negocios existen tres negocios: el negocio del fabricante, mi negocio y el nuestro.

El más importante de todos es mi negocio. Suena egoísta, pero cada quien tiene que tener claro que es responsable de sus resultados, porque ello afecta su presente y futuro, así como el de su familia. Me interesa que tengamos un buen negocio juntos, pero me debo enfocar en que cada cosa que haga que mi familia se acerque a sus sueños, metas y objetivos.

Algunos aspectos fundamentales de un buen modelo de negocio son los siguientes:

- Bajo costo de operación, comparado con los negocios tradicionales.

- Facilidad de encontrar prospectos «potenciales ideales» con necesidad del producto o servicio y con capacidad de pago

- Pagos por adelantado. La época de entregar productos o servicios antes del pago ya terminó.

- Un negocio que no dependa de tu ubicación física.

- Clientes que no dependan de una ubicación particular. Aunque tenemos la posibilidad de hacer «GeoMarketing», y afectar de forma efectiva una zona de la ciudad o país, no importa su tamaño siempre será más pequeño que tus sueños, por lo que deberías pensar lo más global que te sea posible.

- La innovación es parte del nuevo mundo, la

innovación abre oportunidades, pero una vez que logras un modelo exitoso debes explotarlo a lo largo y ancho del planeta, antes de pensar en hacer cambios. Lo que sí se puede hacer es crear nuevos productos, servicios o modelos, pero si algo no está arruinado, no trates de arreglarlo.

- Mercadeo inteligente significa hacer un estudio de mercado, segmentar de forma correcta, validar las campañas, y una vez que estas funcionen y sean rentables, solo hay que darles mantenimiento, y no hay que estar cambiándolas cada vez.

- No hace falta tener carga laboral permanente, a menos que la demanda lo amerite.

- En la mayoría de los casos no hace falta crear corporaciones ni tener que cargar con los trámites burocráticos, a menos que sea una decisión estratégica para disminuir el pago de impuestos o escalar la oferta de productos y servicios.

SECRETO # 5

Cómo navegar en un mundo de rechazo

Mientras más te acercas a tu meta de disfrutar un proyecto que te llene de satisfacciones y te dé la oportunidad de la libertad financiera, muchas serán las voces que se levantarán para opinar, juzgar e incluso tratar de detenerte, pero debes de saber que eso es normal y que no te debe de llenar de tristeza y mucho menos de enojo.

El verdadero secreto es entender que no estamos acá para convencer a nadie, sino solo a nosotros mismo. No estamos acá para que crean en nosotros, porque quien debe creer en nosotros, somos nosotros mismo. Y si esto está claro, podemos seguir adelante.

Para reducir la fricción y el desgaste es importante trabajar solo con el nicho de mercado apropiado, el «nicho ideal» que tiene tres características:

- Necesita lo que ofreces
- Valora lo que le ofreces
- Tiene capacidad de pago

No hay nada más frustrante que hablar con las personas que no califican en ese nicho, porque siempre tendrán una respuesta negativa a nuestros planteamientos. Así que no te preocupes porque el rechazo se puede disminuir, y casi anular, segmentando bien con quienes compartiremos nuestro mensaje.

Si quieres tener éxito en cualquier negocio, asegúrate de hablar con gente que está «frustrada», y que está activamente buscando una solución. Por tu parte debes asegurarte de liderar tu mercadeo por medio de la «frustración», de la necesidad, el problema y el dolor, y nunca tratar de mercadear desde el producto o servicio.

Yo sé que esto choca frontalmente con la escuela tradicional de mercadeo, que basa toda su estrategia en el producto y en sus atributos, pero las personas normales compran «soluciones», no compran productos.

Si alguien no acepta o entiende su propia necesidad no es un buen candidato. Existe tanta gente buscando que no debemos perder tiempo tratando de convencer a nadie, pero sí tenemos que invertir tiempo en ponernos al frente de los que están buscando una «solución» con la intención de pagar por ella.

Para ellos yo sugiero aplicar la técnica de mercadeo social de las 3 C's:

- Crear una comunidad (Común-Unidad).
- Crear una relación profunda con esa comunidad.
- Crear la conversión de forma natural en el proceso.

Identificar la «comunidad» con la que queremos trabajar es el primer paso. Eso evita que hablemos con gente que no está identificada con nuestro proyecto, producto o servicio, centrándonos en esos que están buscándolo activamente.

Al aumentar la relación se disminuye la falta de credibilidad, y en ese proceso se logra una conversión de prospectos a clientes, de una forma natural.

Las famosas listas de amigos, familiares, conocidos y desconocidos, son el peor error del mercadeo, ya que no están basadas en intereses, sino en chantajes emocionales, en acciones de lástima hacia el promotor, que dan como fruto mucho rechazo.

En esta época en la que más de tres mil millones de personas navegan diariamente en el internet, solo hace falta saber un poco de segmentación y de mercadeo de atracción para crear pequeñas o grandes comunidades de personas interesadas en lo que nosotros tenemos y ofrecemos. No hace falta aprovecharnos de la amistad o el cariño que otros nos tienen para hacer una venta que nunca pasará de la primera compra.

Evitemos por tanto el rechazo hablando solo con los interesados.

SECRETO # 6

Cómo dejar de ser el sapo rechazado para convertirse en el príncipe atractivo

En la cultura latinoamericana el vendedor no tiene buena fama, y en algunos casos genera incluso algún tipo de rechazo. Por lo tanto, para no ser el sapo que genera rechazo y convertirnos en hermosos príncipes y hermosas princesas deseados hay que saber lo siguiente: «Ventas y Mercadeo no son lo mismo».

Están relacionados pero no son lo mismo, y en este momento lo que te puede hacer rico no es vender, pero si hacer mercadeo. La venta es una acto, mientras que el mercadeo es un proceso que te puede dar clientes fieles para muchos años.

La venta es algo que haces de forma directa uno a uno, el mercadeo o marketing es un proceso educativo o de adoctrinamiento, que parte de un contenido de valor para tus prospectos, y que de forma natural aumenta la credibilidad, y el interés y la demanda de lo que ofreces por parte de tu «cliente ideal».

La venta o la oferta es disfrazada por un contenido de alto valor. Esto es lo que cambió del mundo viejo al nuevo mundo de las ventas. Antes se nos había enseñado a poner en la cara de las personas conocidas y desconocidas una o muchas ofertas de productos y servicios basados en precios o beneficios, sin tener en cuenta el interés del prospecto, sin tomar en consideración su momento, su estado emocional o sus intereses. Lo importante era ofrecer el producto a lo «cavernícola».

En la nueva economía llamar la atención y descubrir los intereses del prospecto hace la diferencia.

La constante en todo negocio es el intermediario, o sea «tú». Por lo tanto, la mejor presentación, incluso mejor que la del producto o servicio o la empresa que representes, eres «tú». Tu imagen, tu mensaje, tu presencia, tu idioma, y tu comunicación verbal y no verbal son más importantes que cualquier otra cosa.

Si decides que quieres vivir del internet o de los negocios desde casa debes decidir también construir tu «Marca Personal Profesional». A la par de construir tu estrategia de «mercadeo de atracción», para tu producto o servicio, debes de ir construyendo tu imagen, la de una persona en quien se pueda confiar, que tiene autoridad, y que está realmente interesado por ayudar, antes que por vender.

Y, al igual que un joven que desea una relación formal, profunda y de largo plazo con una señorita, toma su tiempo para conocer sus intereses, sus valores, sus desafíos y se presenta de forma adecuada como un potencial compañero de vida, para navegar por una relación de largo plazo, compartiendo los desafíos juntos, en los negocios no podemos tratar de violentar la relación, pidiendo intimidad cuando aún no ha llegado el momento adecuado.

La «Marca Personal Profesional» es la base de la credibilidad en el presente y en el futuro. Tu «Marca Personal Profesional» es la que te va a permitir salir del mundo de uno a uno y entrar al mundo de uno a muchos.

¿Cuántas personas puede atender un vendedor uno a uno? ¿Un par al día? Sin embargo, si usas una «marca profesional» atractiva, ésta te permitirá crear «sistemas» de mercadeo masivo que serán mucho más rentables. Pocos pueden realmente triunfar como vendedores uno a uno, pero casi todos podemos triunfar en el uno a muchos basado en una «Marca Personal profesional».

Unas fotografías bien seleccionadas, un logotipo profesional, un idioma que entienda su prospecto, y el uso adecuado de las redes sociales, es lo que necesita cualquier personas que quiera pasar de ser un sapo a un príncipe en los negocios y el mercadeo en internet.

SECRETO # 7

El modelo de éxito que tú puedes imitar

21 Secretos

Durante los siglos XV al XIX la riqueza estuvo ligada a la posesión de tierras, y solo los dueños de las mismas tenían la posibilidad de lograr riqueza e independencia financiera.

En el siglo XX la cosa cambió, y el poder económico radicó en el modelo de la producción industrial, surgiendo así el fabricante como la nueva raza de ricos y libres, financieramente hablando. Ahora, sin embargo, en el siglo XXI la riqueza es creada en la mente de las personas, y el modelo de generación de riqueza ha cambiado.

Como hemos dicho en los capítulos anteriores, en la actualidad la mayoría de nosotros tiene acceso a grandes oportunidades, a modelos comprobados de éxito que no requieren grandes capitales, ni títulos, ni locales comerciales, ni planilla de empleados, ni muchas de las cosas que antes eran indispensables para emprender un negocio.

El mercadeo de productos y servicios por medio del internet y las redes sociales nos permite comercializar en grandes cantidades productos y servicios que otros producen, y de los que nosotros nos quedamos con muy buenas comisiones, por el hecho de ser intermediarios sin la necesidad de cargar con gran cantidad de costos fijos que supone su producción.

En otras palabras, podemos ganar mucho invirtiendo poco. Y poco significa varios cientos de dólares.

Recordemos que se necesitan otros cuatro capitales de inversión más, a parte del capital inicial.

La primera inversión es de tiempo y enfoque. Y, como dije antes, unas cien horas de entrenamiento y práctica en la actualidad te pueden dar mejores resultados que las diez mil horas que antes se nos pedía en los estudios universitarios.

La adquisición de conocimientos, experiencias y técnicas es algo en lo que debemos invertir si estamos decididos a salir de la «zona de incomodidad», a la que incorrectamente algunos llaman «zona de confort», ya que no creo que haya nada de comodidad en vivir en una zona en donde lo que hay es frustración, deudas y pobreza.

A principios del siglo, allá por el 2006, cuando Google compró un sitio web llamado Youtube, por la suma de $1,650 millones de dólares, no había entrenamientos que enseñaran cómo aprovechar todo eso que era nuevo. Pero en este momento existen suficiente información, estadísticas y técnicas para hacer de cada «red social» una fuente de tráfico y prospectos calificados para cada tipo de negocio en el planeta Tierra. El punto es que hay que aprender a usarlos correctamente.

En el nuevo modelo de negocios, tú y yo debemos encontrar productos que estén en su etapa inicial de alta demanda. Dije en su etapa inicial, no de salida, aunque en algunos casos la demanda será en un país o territorio determinado, y en otros será global.

Productos que además nos den un margen adecuado de ganancias, es decir, que nos den el más alto nivel de ganancias posibles, de modo que el beneficio por cada hora de trabajo invertido sea muy grande. Solo eso permitirá que logremos el equilibrio de buenos ingresos y buena cantidad de tiempo libre para disfrutar de los mismos.

En este punto, es fundamental entender que es muy importante cuánto ganamos por cada operación o venta, ya que eso determina nuestro resultado mensual. Por ejemplo, hay personas que me dicen que quieren ganar diez mil dólares al mes, pero su producto solo les paga veinte dolares de comisión, lo que significa que tendrían que tener toda una maquinaria para producir quinientas ventas mensuales, o sea diecisiete ventas diarias. Eso es mucho, especialmente cuando estamos comenzando o no tenemos experiencia.

Pero, como dicen mis mentores, casi el mismo esfuerzo toma enfocarte y atraer a un prospecto que te da veinte dólares de ganancias que uno que te da doscientos dólares, y con estos últimos solo necesitas cincuenta ventas al mes para lograr los mismos diez mil dólares. En mi experiencia lo segundo es mucho más fácil que lo primero.

El otro tema es obtener resultados a medio plazo, mientras atravesamos la curva normal de aprendizaje. Es necesario que la propuesta cuente con un sistema donde ya esté identificado el nicho de mercado, y no tengamos que estar adivinando quién es nuestro «cliente ideal». Por lo tanto, dicho sistema debe tener las piezas estructuradas desde el momento de la prospección, y la presentación hasta el cierre natural.

A estos sistemas se les llama embudos, y consisten en una serie de páginas de captura, secuencias de correos electrónicos de seguimiento, vídeos y presentaciones en vivo o grabadas, junto con un método científico y comprobado de filtración y cierre.

Desde nuestra experiencia de doce años viviendo del internet y de este tipo de negocios, la inversión en un negocio con estas características debe andar alrededor de los mil a dos mil dólares, incluyendo el negocio, el producto y el sistema. Pero, más importante que el dinero de inversión es el potencial de ganancias, ya que éste puede superar diez veces la inversión inicial, lo que hace que este tipo de negocio sea altamente productivo, mucho más que ser fabricante o invertir en un negocio tradicional.

Estos modelos son comprobados, y aunque tienen una duración limitada en el tiempo permiten que podamos actualizarnos de forma acelerada si invertimos el dinero, el foque, la dedicación y la disciplina de forma adecuada.

INVITACIÓN ESPECIAL

Si en este punto estás interesado en conocer un modelo que me está funcionando, y que quizás pueda funcionarte a ti, me gustaría invitarte, antes de continuar con la lectura de este libro, a que solicites una entrevista para poder analizar juntos si podemos desarrollar un negocio con este modelo, que te permita construir un proyecto de independencia financiera.

Si estás interesado, ve ahora mismo al enlace de la entrevista, reserva tu espacio y platicaremos en persona sobre esta posibilidad

https://www.edgardomoreno.coach

Si no estás listo, te invito a que sigas leyendo y que descubras en los próximos capítulos cómo se construye, desde el punto de vista técnico, un negocio exitoso en este nuevo mundo del internet y de las redes sociales.

SECRETO # 8

Seleccionar un nicho que busca, quiere y puede pagar tu propuesta

21 Secretos

En toda propuesta de negocio para promover un producto o servicio, ya sea de forma local, regional o internacional, sin importar si el producto es físico o intangible, la selección del nicho de mercado es clave fundamental del éxito o el fracaso del negocio.

A mí me gusta siempre decir que por muy bueno que sea un corte de carne, si se lo tratas de vender a un vegetariano, estás perdido. Y eso es prácticamente lo que sucede con la mayoría de personas que deciden iniciar un negocio: no tienen idea de quién constituye su nicho de mercado ideal.

Por eso, es frecuente escuchar decir a los emprendedores que el mercado está saturado, que la gente es escéptica, y que no tienen para pagar mi producto o que mi producto es caro, cuando lo que realmente pasa es que no conocen cuál es su cliente ideal, no saben dónde encontrarlo, y hablan con el primero que se les atraviesa pensando que es un potencial cliente, cuando en realidad no lo es.

Por ello, antes de pensar en iniciar un negocio o de aceptar una propuesta de negocio debemos evaluar el nicho de mercado. Para ello es necesario que respondamos algunas preguntas válidas como son:

- ¿Conozco el nicho de mercado?
- ¿Cuántos son?
- ¿Dónde están?
- ¿Cuál es su desafío o dolor?
- ¿Qué valor agregado puedo ofrecer a ese nicho?

- ¿Qué intereses tienen?
- ¿Qué están buscando activamente?
- ¿Tiene el nivel económico apropiado para el producto o servicio que ofrezco?
- ¿Cuál es o cuáles son sus motivadores emocionales que generan la compra?

Otra pregunta que vale la pena hacerse es: «¿Existen subnichos más motivados en los que me pueda enfocar?».

Este es un nuevo punto sobre el que quiero llamarte la atención, y para ello te pondré el siguiente ejemplo.

Supongamos que queremos «vender vitaminas» y que el nicho está formado por adultos de 18 a 40 años que compran vitaminas, que hacen ejercicios y que buscan comida orgánica o saludable.

En términos de posibilidad, este es un nicho muy amplio, formado por varios millones de personas, cuyo número depende de la zona geográfica. Pero, ¿que tal si vamos a un nivel más profundo y nos planteamos vender las vitaminas a personas que les gusta la natación y que además cumplen las características del grupo anterior?

Lo que pasará es que se reducirá el número de potenciales clientes a un valor entre el diez y el quince por ciento del grupo original. Lo que en términos de presupuestos para mercadeo se vuelve más alcanzable, a la vez que no estaremos compitiendo por el mercado genérico, sino que entramos a hacer mercadeo en un nicho en el que casi nadie entra a hacer competencia, por lo que aumentará nuestra probabilidad de éxito.

Por lo tanto, dedicar tiempo para llegar a los subnichos o micronichos es la mejor estrategia que cualquier empresario puede desarrollar para apuntalar su camino al éxito.

Lo que te puedo garantizar es que para todo producto hay un mercado suficiente, con una importante cantidad de personas con capacidad de compra y altamente motivados. Por eso, cuando hagas negocios, asegúrate de que tu patrocinador o tus socios te ayuden a tener claro quién forma parte de tu nicho de mercado.

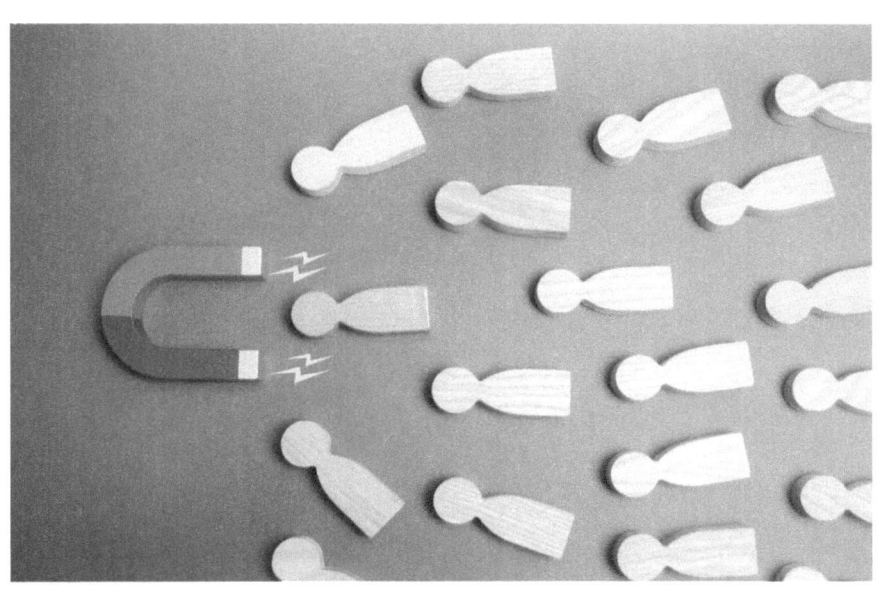

SECRETO # 9

Ofrecer una propuesta irresistible

En un mundo de «iguales» y de «igualados» solo las ofertas que son diferentes, las más completas, y con un gran valor agregado son las que llaman la atención.

A eso llamamos «oferta irresistible», a esa oferta que, como dice su palabra, se vuelve irresistible, tanto que la persona que no la compra tiene la sensación de que perdió una gran oportunidad.

Una oferta irresistible es una oferta cuya descripción de beneficios o «valor» se cuantifica en dos, tres, ..., y hasta diez veces el precio de pago, entendiendo que el «valor» lo constituyen los beneficios que recibe el cliente y el precio es la cantidad que paga en dinero.

Por eso, es muy común que en el mundo del mercadeo en internet o redes sociales todas las compras tengan muchos bonos, valorados normalmente en una suma mucho mayor de lo que va a pagar la persona por el producto principal.

Un ejemplo de un modelo simple de lo que puede llegar a ser una oferta irresistible es:

Por la compra de nuestra Proteína SÚPER, cuyo precio es de $69 dólares, el cliente recibirá como bono especial un «Entrenamiento en Video» de treinta días para desarrollar masa muscular, valorado en $197 dólares, y además una suscripción al boletín de «SÚPER ATLETAS» valorado en $197 anuales. En total recibirá $463 dólares en productos pero solo pagará $69 dólares. Está oferta expira en 24 horas.

ESTO ES IRRESISTIBLE.

La creatividad y un verdadero conocimiento de lo que motiva a tu nicho de mercado es un detonante de éxito cuando hablamos de ofertas irresistibles

Para casi cualquier tipo de producto o servicio es posible crear una oferta irresistible. Siempre y cuando conozcamos a nuestro «cliente ideal» podremos presentar una gama de beneficios que él valorará y apreciará, al momento de tomar la decisión.

SECRETO # 10

**Atraer consumidores para crear un
ingreso residual permanente**

El ingreso residual es algo de lo que gusta hablar a muchos en el mundo del multinivel y las redes de mercadeo, porque han escuchado historias de exitosos «networkers» o de inversionistas que después de trabajar con mucha dedicación o hacer importantes inversiones, viven de las regalías o los ingresos residuales, producto de ese trabajo o de esas inversiones.

Aunque los ingresos residuales constituyen una realidad que debe motivarnos a hacer el trabajo disciplinada e inteligentemente, mirando hacia el futuro debemos saber que no existirá ningún ingreso residual futuro si no hay éxito en el presente. Todo ingreso residual comienza con el ingreso lineal y, al igual que los cohetes que van al espacio, debemos invertir inteligentemente el 80% de nuestra energía en dar resultados en los primeros instantes, en los primeros 36 meses del negocio, para que, pensando que el ingreso residual no existe, en un momento no muy lejano estos superen a los lineales, y entonces sí podamos celebrar que estamos en el camino correcto.

Pero, tenemos que saber que los ingresos residuales requieren una estrategia real y sistemática de mantenimiento, porque de lo contrario pueden desaparecer en poco tiempo.

En este tipo de negocios es inteligente ponerse como meta romper récords cada 2 o 3 meses, desde el principio de tu negocio, para así ganar cierta cantidad de comisiones por inicio rápido.

Uno de mis mentores se movió desde el mundo del mercadeo de afiliados, en donde no existe el ingreso residual, al mundo del Multinivel. Y lo que hizo fue poner sus ojos en el bono de inicio rápido, y en las ganancias por venta de productos. En sus primeros 3 meses ganó más de $50 mil dólares, la misma cantidad que otros socios ganaban en ingresos residuales después de muchos años en la empresa. ¿Cuál es la diferencia? La diferencia está en que cuando mi mentor lleve varios años a ese ritmo, su ingreso mensual residual estará muy por encima de cualquier otro que solo ve el residual, sin trabajar fuerte por el lineal desde el principio.

El ingreso residual sería la materialización de haber seleccionado muy bien el nicho de mercado, la calidad de los clientes y socios, y de haber creado un sistema que nos permita alimentar una base sostenible de consumo o recompra de nuestro producto y/o servicio.

Asegúrate de que tu negocio se alimente de un sistema, embudo o ecosistema que le de velocidad a tu negocio desde el comienzo, para que un día vivas de tu ingreso residual, pero con grandes satisfacciones por el ingreso lineal desde el principio.

SECRETO # 11

Creación de una comunidad de clientes y socios de calidad para garantizar el éxito

Si existe una técnica que marca la diferencia en los resultados de los negocios, ésta es entender que en la era de las redes sociales el patrimonio más importante para todo negocio, servicio o producto, es el tamaño y la calidad de su comunidad de seguidores, que eventualmente se convertirán en consumidores y, en el caso de los negocios de Multinivel, en socios.

En este proceso, la calidad de los clientes y socios que se seleccionen es pilar fundamental que apuntala el éxito o el fracaso. Aunque parezca difícil de asimilar, la calidad de los socios es proporcionalmente directa a:

- La Marca Personal que creamos
- La calidad del mensaje que transmitimos
- La solución que promovemos (no el producto o el servicio)
- Al nivel de inversión que hacemos para acercarnos a los prospectos más calificados: tiempo, energía y dinero.

Y, por el otro lado, la calidad de los clientes es directamente proporcional a la calidad del ecosistema, embudo o estrategia de atracción, hacia los beneficios del producto.

Cuando pienses en hacer una estrategia de mercadeo, lo primero que debes de hacer es pensar sobre cómo debe ser la comunidad idónea que pretendes crear.

Para ello te puede servir pensar y contestar las siguientes preguntas.

Supón que tus clientes son Alfredo y María...

Tienen entre _____ y _____ años de edad

Tienen un nivel educativo _____

En esta etapa de sus vidas sus cinco intereses más importantes son:

1. _____

2. _____

3. _____

4. _____

5. _____

Su tiempo libre lo dedican a

1. _____

2. _____

3. _____

A ellos les gusta leer este tipo de libros

1. _____

2. _____

3. _____

4. _____

5. _____

Los tres deportes que más les gustan a ellos y a su familia son:

     1. _____

     2. _____

     3. _____

Las marcas de vehículos o carros de sus sueños son:

     1. _____

     2. _____

     3. _____

Ellos viven en las ciudades (no países, ciudades específicas)

     1. _____

     2. _____

     3. _____

     4. _____

Los cinco temas importantes y comunes de los que hablan con la gente de su edad son:

     1. _____

     2. _____

     3. _____

     4. _____

     5. _____

Es fundamental que analices todos los aspectos anteriores y algunos otros aspectos más para la construcción de un mensaje adecuado, en un idioma idóneo para tu grupo.

Ten en cuenta que cada grupo es diferente:

- Los que consumen productos orgánicos, se parecen a los veganos, pero no son los mismos, y hablan de forma diferente.

- Los diabéticos tienen padecimientos con condiciones similares a otros enfermos, pero sus términos son diferentes.

- Las madres con hijos pequeños tienen diferentes intereses que las madres con hijos adolescentes, hablan de diferentes temas y tienen diferentes horarios para sus actividades.

Por lo tanto, saber crear categorías, subcategorías y microcategorías es la forma más inteligente de hacer mercadeo en las redes sociales. Obviamente eso no se puedes hacer en la televisión tradicional, en la radio o en la prensa, pero sí en las Redes Sociales.

También debemos tener presente que desde el momento del descubrimiento de nuestro mensaje, el público toma hasta cuarenta contactos con nuestro contenido antes de decidir hacer una compra o de comenzar una relación comercial. Por lo tanto, este no es un proceso que pueda tomarse a la ligera o pensar que se producirá de la noche a la mañana.

La creación de una comunidad puede tomar desde unas semanas, hasta meses, dependiendo de la cantidad y calidad de nuestro contenido. Antes de pedir un compromiso a largo plazo, es normal e inteligente crear una estrategia de por lo menos cien días para impactar en un nicho.

Muchas personas escuchan del éxito de los lanzamiento o de las ventas millonarias en pocas horas, pero lo que no entienden es que antes de ese momento hubo meses de presencia social, que provocó que el lanzamiento o las ventas se concentran en pocas horas.

Es como con los grandes lanzamientos en el cine. Los noticieros dan cuenta del fin de semana en que una película recaudó doscientos millones de dólares, pero se nos olvida de que hacer la película y promoverla tomó un año. Así que el fin de semana solo refleja el trabajo de doce meses. Igual sucede en el mercadeo social, las ventas o cierres solo son la culminación natural de un trabajo bien hecho.

En mi experiencia, la forma de acelerar este proceso es entregarle a mis socios un «Sistema de Prospección Acelerado» que incluye:

- Gráficas profesionales para reforzar la Marca Personal
- Vídeos de atracción hacia los productos y propuestas de negocios.
- Copywriting o textos publicitarios comprobados.
- Anuncios para Facebook.

- Entrenamiento para promover productos.

- Entrenamiento para promover el negocio.

- Entrenamiento para convertirse en profesionales del mercadeo.

- Embudos o sistemas de prospección.

- Entrenamiento para herramientas que aceleran los resultados.

Si no resolvemos estos temas para nuestros nuevos socios, les estamos metiendo, al igual que un día nosotros estuvimos, en un desierto de posibilidades, pero sin un mapa claro de cómo llegar al objetivo, de una forma concreta y paso a paso.

Tener identificado el nicho de mercado o el subnicho con el que se va a trabajar es indispensable, y en este punto crear la comunidad a alta velocidad es la garantía de tener resultados antes que el resto que no aplica esta técnica.

SECRETO # 12

**Cómo hacer de tus redes sociales (RRSS)
un mar de contenido de atracción**

Una vez que has identificado tu nicho de mercado y que entiendes la importancia de reunirlos en una comunidad, ya sea en un Grupo Privado o Abierto en Facebook, en Youtube, Instagram o Twitter, debes convertirte en un fábrica de contenido que profundice la relación con ellos.

No se trata de ti, de tu producto o de tu servicio. Se trata de «ellos», de ayudarles y, en el proceso, posicionarte como la persona que tiene la autoridad y la habilidad de resolver sus desafíos, problemas y obstáculos. Los nuevos líderes o «influencers» en el marketing somos personas que nos dedicamos a resolver problemas, no a vender productos.

No se trata de hablar de precios, fabricantes o características de productos o servicio, se trata de hablar de ellos y sus desafíos, y presentar piezas de contenido en los que poco a poco les ayudas a descubrir el camino para resolver sus desafíos, y en ese camino apareces como el héroe de la película, apareces como la persona idónea para ayudarles en su proceso.

Los libros, vídeos, cursos, conferencias, los servicios de noticias son fuente de ese tipo de contenido que buscamos, y tu trabajo es adaptar ese contenido para el objetivo de ayudar a tu nicho, y de hacerles sentir la necesidad de contar con un experto que les ayude en su travesía de la desesperación hasta la realización.

Para hacerte más fácil este proceso, te comparto uno de mis secretos para encontrar los mejores candidatos:

«Descubre el más alto nivel de frustración en su problema o desafío, y trabaja para ellos, para los más desesperados».

Dice un dicho que cuando lees cien libros comienzas a vomitar libros, y esto es una realidad con la creación de contenido, mientras más te alimentes de buen contenido, más fácil será crear piezas de contenido para tu nicho.

Por supuesto, pertenecer a organizaciones profesionales de emprendedores hace las cosas más fáciles porque te permite acceder a paquetes de contenido preelaborados, que te ayudan a dar velocidad a su difusión y te ahorran tiempo y energía, ya que en lugar de dedicarte a la creación te dedicas a su publicación y al mercadeo, que al final es lo que produce las ganancias.

SECRETO # 13

Cómo construir una organización de negocios sin perseguir a nadie

Una de las técnicas más destructivas y frustrantes del Mercadeo Directo o del Mercadeo Multinivel es la estrategia de persecución e interrupción. En la mayoría de los casos comienza en una lista de prospectos, lista que está compuesta por familiares, conocidos y amigos, que terminan odiando nuestros negocios, productos y servicios y que cuando los compran lo hacen por solidaridad, lástima o para sacarse de encima al pariente que está promoviendo ese producto o servicio.

Esa práctica, que causa tanta frustración a ambas partes, debe ser eliminada en su totalidad, ya que el éxito del negocio consiste en que el comprador sea leal y el socio quiera seguir con nosotros a medio y largo plazo.

Ningún buen restaurante, salón de belleza o negocio desde casa va a sobrevivir si el enfoque de mercadeo está en gente que no tiene interés en nuestro producto o servicio, y que en último caso hace una compra basada en la amistad, el cariño o la lástima, pero no en un interés genuino.

Todo lo anterior podemos resumirlo en los siguientes puntos que son la respuesta al llamado mercadeo de atracción:

1. Identificar al nicho de mercado. Ese nicho que está buscando lo que tenemos.

2. Crear una comunidad utilizando una red social como Instagram, Facebook o Youtube.

3. Crear una conexión o relación por medio de la comunidad.

4. Crear una conexión por medio del contenido de valor.

5. Dejar que sean ellos los que decidan, por medio de los filtros, quién está listo para comprar o ingresar a un negocio, con cero presión.

Olvídate de una vez de la persecución, es cosa del pasado. Porque es mejor atender prospectos que valoran tu oferta, que están motivados y que tienen la capacidad de pago para adquirirla.

Es mejor asociarse con personas que piensan igual que tú, que tienen los mismos intereses y a quienes no tienes que convencer de nada.

SECRETO # 14

La calidad de socios determina la calidad de negocio. ¿Cómo seleccionar a los mejores?

Como en todas las áreas de la vida, la calidad determina los resultados, y en el caso de los negocios también determina la longevidad. Muchos no le ponen atención y siguen creyendo que cualquiera que respira califica para sus negocios, y eso no es así.

En mi experiencia, saber seleccionar el perfil de los socios es indispensable para tener un negocio próspero, con buenos resultados tanto a corto plazo como a largo plazo.

La «Ley de la Atracción» dice que atraemos lo que somos, y esto en los negocios es verdad, porque nuestra imagen, nuestro lenguaje, nuestro contenido atrae o rechaza, dependiendo de lo que queramos hacer.

Y, mientras más profesionales son nuestra imagen, los vídeos, las fotos, el contenido y nuestra forma de comunicarnos, mejor será nuestro resultado y la calidad de nuestros socios. De ahí que en el mundo corporativo se invierta grandes cantidades de dinero en la parte de imagen, creación de logos, gráficas, vídeos, espacios corporativos, etc.

Existen técnicas, dentro y fuera del internet, que te permiten elevar sustancialmente la calidad de atracción, para solo atraer a los mejores. Son técnicas similares a las que utilizan los cazatalentos en el mundo corporativo.

Asegúrate de que tu ecosistema de mercadeo o embudo solo está atrayendo a los más capacitados, a los más motivados, a gente que no tienes que convencer de invertir tiempo, energía y dinero en construir un negocio exitoso. Asegúrate de que tu mensaje deje en el camino a los mediocres, a los indisciplinados, a los que no tienen un compromiso serio con las metas de su familia, a los que buscan excusas, culpables y tienen una mala actitud. No pierdas tiempo con ellos, no es tu trabajo. Tu trabajo es descubrir a los mejores y asociarte con ellos, pero por supuesto tienes que estar seguro de que eres la persona con la que ellos quieren tener un negocio o proyecto en común.

A los mejores socios los seleccionas desde el primer momento, cuando decides como te presentas en las redes. Asegúrate de presentar tu mejor imagen, la más profesional, la que genera mayor credibilidad. No pierdas prospectos por publicar cosas que no cumplen con el objetivo de la atracción de calidad.

La forma en que te presentas debe estar relacionada desde un primer momento, a primera vista, con la solución o propuesta que traes. Un logo adecuado aumenta tu credibilidad y por supuesto fotografías profesionales o tomadas con buen gusto hablan muy bien de ti, y de lo que propones.

Siempre que asesoró a personas que entran en este proceso de trasladarse desde el mundo tradicional al digital, me aseguro de que inviertan en una sesión de fotos profesional, para lograr el mejor impacto desde el principio. A veces es incomodo ya que algunos tenemos problemas de autoestima, y eso nos impide vernos como un personaje influyente y atractivo para nuestro nicho.

Pero en la práctica, la gente está esperando seguir a gente que se ve bien y se proyecta profesionalmente.

Nadie quiere seguir a un mediocre, queremos vernos asociados con profesionales.

SECRETO # 15

**Cómo gestionar tu negocio para que ganes
lo máximo y no lo mínimo**

Si alguien te pregunta sobre cuánto es lo menos que se puede invertir, déjame decirte que estarás hablando con la persona equivocada, porque en los negocios no se trata de cuánto invertimos, sino de cuánto ganamos, y la pregunta que tiene que estar en tu mente es: ¿Cuánto debo Invertir para ganar lo máximo?

Yo siempre recomiendo comenzar a analizar los planes de pago de las empresas de Multinivel, por la posibilidad de generar la mayor cantidad de dinero en el menor tiempo posible a partir de las diferentes formas de ganancias que proporcionan.

Por supuesto que la primera forma de ganar dinero es la compra y la venta de los productos. Y, aunque existe una tendencia a decir que nosotros no estamos en el negocio de ventas, lamento decirte que eso es una mentira. El negocio de la venta directa es «la venta», y aunque parezca lógico, para algunos no lo es del todo.

El primer paso es saber cómo comprar al mejor precio, con los mejores descuentos, con los mejores bonos, con las mejores promociones al objeto de que tu costo sea el más bajo y obtengas las mayores ganancias. Si dedicas tiempo a esto, estoy seguro de que muchos de tus socios, que son buenos vendedores, podrán sentirse inspirados por tu conocimiento del negocio, y por las ganancias que obtendrán de forma simple y rápida.

Una de mis mejores experiencias es enseñar a mis socios cómo obtener desde su primera venta el 50% de ganancias.

Con esto, una familia promedio en México, Centro o Sudamérica puede vender un par de productos y generar ganancias de $50, $80 o incluso $100 diarios. Solo por el hecho de haber descubierto el negocio apropiado con las ganancias apropiadas.

Adicionalmente, la estructura de la propia Organización les permitirá construir un negocio cada vez más rentable.

Recuerda que «el principio número uno» de un negocio financieramente sano es el «flujo de cash», y en la venta directa tu flujo de cash puede ser ilimitado, y la fuente del mismo eres tú quien la controlas casi en un 100%.

También debes de saber cuál es el paquete de negocios que más ganancias te produce y el que trae los mejores beneficios a las personas que, al igual que tú, están buscando un buen negocio. Por lo tanto, no cometas el error de buscar la opción más barata para comenzar, sino la más productiva.

Mis mentores millonarios me han enseñado que requiere el mismo nivel de inversión en tiempo, energía, dinero y enfoque encontrar un socio que te haga ganar $50 dólares que uno que te permita ganar $250 dólares, y que incluso con un poco más de energía llegues a ganar más de $500 dólares por cada nuevo socio o cliente. Esta idea forma parte de la llama «Ciencia del Ticket de Alto Valor», por lo que enfocarse en los mejores paquetes de negocios, para atraer a los mejores prospectos debe convertirse en una prioridad.

A mí me gusta comenzar con los paquetes que activan la mayor parte o todo el plan de compensación, que permiten obtener las mejores comisiones de cada afiliación, para que al final de cada mes sienta que todo el esfuerzo realmente valió la pena.

Una de las razones por las que muchos «networkers» se decepcionan rápido de los negocios es porque invierten muchas horas de trabajo y los resultados son mínimos. Pero esto no es necesariamente culpa de la empresa, del producto o del plan de pago, sino que se debe a que ellos en lugar de empujar la venta hacia arriba, la empujan hacia abajo.

Las empresas que solo ofrecen la estrategia de atraer consumidores o clientes preferenciales, incluso dándoles el beneficio de generar ganancias sin comprar un paquete de negocio, realmente lo que esconden detrás de esa estrategia es un principio egoísta, de solo pensar en ellos y no en los distribuidores o promotores, que no ganan nada o ganan muy poco.

A mi me gusta compartir mis fórmulas con mis socios. Formulas como, por ejemplo, la «Fórmula 10 mil», con la que les enseño como genera mil dólares en el mes dos, dos mil en el mes tres, tres mil dolares en el mes cuatro, cuatro mil en el mes cinco, completando sus primeros diez mil dólares antes de sus primero 6 meses de trabajo.

Este tipo de fórmulas permite que la gente no solo se enfoque en el resultado, sino que también lo haga en el método que le lleva al resultado.

La fórmula más reciente es la de cien mil dólares en un año, que está basada en el éxito de un par de alumnos que la aplicaron y lograron esa meta en el primer año, doblándola en el segundo año, pero finalmente lograr más de un millón de dólares en ganancias en el tercer año.

Son fórmulas comprobadas, no teorías.

Estas fórmulas no son botones ni frijoles mágicos, son estrategias, herramientas, embudos y programas de trabajo que en las manos de la persona adecuada pueden convertirse en oro. Son fórmulas que, además, están disponibles para cualquiera que se deje guiar por nuestra experiencia y resultados.

SECRETO # 16

Cómo entrar en la mente de clientes hambrientos por tu producto

No pierdas tu tiempo, no pierdas tu energía, no pierdas tus sueños, no pierdas tu dinero. No hay nada peor que tratar de venderle algo a alguien que no quiere comprar, por lo que lo mejor que nos puede pasar es tratar de venderle a alguien que ya está buscando activamente un producto.

Por lo tanto, invertir tiempo en entender cómo funciona la mente de nuestro «cliente ideal» es lo más importante, y lo que nos hará ganar tiempo y dinero.

Piensa quién o quiénes son las personas que están buscando los resultados o productos que tú ofreces. ¿Cuáles son las frases y palabras que usan en su búsqueda?

Hay herramientas, como Google Trends, que te pueden ayudar en esa búsqueda de potenciales prospectos calificados, y sobre todo entender cuáles son los términos de búsqueda y dónde están localizados.

Te voy a poner un ejemplo.

Pregunta: ¿Quiénes son las personas que están buscando hoy un ingreso adicional a la profesión que tienen, ya que ésta no les permite enfrentar sus desafíos del crecimiento, y los de sus hijos que están a punto de entrar a la universidad?

Respuesta: Muchos profesionales de 40 a 50 años, cuyos hijos están a punto de ir a la universidad o ya están en la universidad, y que están pasando este momento de desafíos económicos para poder financiar la educación de sus hijos.

¿Cuál es su perfil?

- Profesionales, administradores de empresas, ingenieros, publicistas, médicos, enfermeras.
- Entre 40 y 50 años
- Hijos en edad escolar
- Hijos graduados de preparatoria o High School / Bachillerato
- Dueños de pequeños negocios

A ellos «no» se les puede ofrecer en primera instancia que abandonen su carrera, pero sí se les puede presentar una alternativa para generar ingresos extras, suficientes para poder apoyar a sus hijos con su educación superior.

Hacer esto es saber liderar el mercadeo desde el problema y no de el producto, porque para ellos el objetivo será el motor, y el vehículo puede ser un negocio desde casa.

Un nicho muy interesante es el de madres solteras y «profesionales» que desean pasar más tiempo con sus hijos. Para ellas, un negocio desde casa, bien presentado, puede ser una excelente oportunidad para su proyecto de vida.

Recuerda que marcado «profesionales» en el perfil, es esto es porque aunque las madres solteras tienen muchas necesidades, no todas llenan los requisitos académicos, técnicos y económicos para hacer la transición.

Entrar a la mente de nuestro potencial socio es más fácil cuando analizamos dónde están, qué recursos tienen y qué tenemos que ofrecer para ayudarles a llegar a la solución de su problema o desafío. No se trata de nosotros, de nuestra empresa o producto, se trata de ellos.

Por otro lado, hablando de nichos para productos, un buen ejemplo puede ser el de personas que en edad laboral han sido diagnosticadas con alguna enfermedad del sistema digestivo. Si ves, dije personas en edad laboral, y ¿por qué hago la aclaración? Porque no es lo mismo ayudar a una persona que tiene que trabajar y al mismo tiempo controlar sus problemas de gastritis, colitis, reflujo o estreñimiento, que hacerlo con un jubilado, a quien también afecta, pero a quien no interrumpe su actividad laboral.

El trabajador tiene dos cosas: urgencia y recursos. Algo muy diferente de lo que sucede con el jubilado.

El nivel de pensamiento es diferente. El que trabaja recibirá mejor el mensaje de que nuestra solución le ayudará a enfrentar su desafío de salud, sin interrumpir su actividad laboral.

Con estos dos ejemplos trato de explicarte la importancia de poder entrar en la mente del «cliente ideal» desde su perspectiva y necesidades, y no desde las nuestras.

Cuando las personas trabajan en mis equipos reciben un entrenamiento especial para poder detectar docenas de oportunidades para un mismo producto, a partir de conocer la mente de nuestro potencial consumidor o nuestro potencial socio.

No es lo mismo calificar para usar un producto o servicio, que calificar porque lo estamos buscando con desesperación, con motivación y con urgencia.

SECRETO # 17

Cómo entrar en la mente de socios de la más alta categoría

Las personas podríamos ser clasificadas más por nuestra forma de pensar que por nuestro color de piel, raza u origen. En este sentido, desde hace muchos años descubrí que las personas emprendedoras, innovadoras, creativas y en búsqueda de la libertad financiera, tenemos ciertos hábitos que son fáciles de identificar.

Nos vestimos de cierta forma, con ciertas marcas de ropa. Nos gusta frecuentar cierto tipo de restaurantes, lugares de vacaciones. Leemos ciertos tipos de libros, y no vemos televisión. Pero sí tenemos algunas preferencias específicas en las redes sociales y el internet.

Si logras identificar esos hábitos, será fácil determinar dónde están y cómo encontrarlos.

Atendiendo a sus hábitos y actitudes nos encontramos con distintos grupos de personas. Por un lado están aquellas personas que no producen nada, y que solo consumen de los sistemas de asistencia pública; luego tenemos los trabajadores, que no conocen otra receta más que la de intercambiar tiempo y energía por dinero; además encontramos dos categorías de emprendedores o empresarios, los pequeños empresarios —que como diría un buen amigo, no es el tamaño del negocio lo que determina lo pequeño, sino el tamaño de sus sueños— y los grandes emprendedores o empresarios, que tienen sueños grandes.

Por ello, es mi deber decirte que tu éxito estará garantizado si logras asociarte con grandes emprendedores o empresarios, que tienen grandes sueños igual que tú. De lo contrario terminarás en la categoría en dónde el sueño se basa en los recursos y el entorno, deseando únicamente un carrito, una casita, un negocito, un chequecito, etc.

Tu imagen es importante, dentro y fuera del internet. Tu mensaje es importante. Tu forma de expresar, la riqueza de tu lenguaje, y la calidad del contenido que compartes atraerán buena o mala calidad de socios. Por lo tanto, es indispensable invertir en la mejor calidad de materiales de prospección específicamente preparados para los mejores candidatos.

En el mundo «online», solo un mensaje concreto y entendible para mentes brillantes atraerá a esas mentes. Es decir, cualquier mensaje no es capaz de atraer a los mejores socios. Y, en el mundo «offline», la calidad de tus entrevistas con ellos determinará la calidad de tus socios.

Asegúrate de usar piezas de mercadeo apropiadas para atraer a socios altamente calificados. Esas piezas pueden ser vídeos o embudos de prospección específicamente preparados para quien está buscando verdaderas oportunidades.

No es lo mismo querer atraer, como enseña la escuela del siglo pasado de mercadeo, a desempleados por que tienen tiempo libre, a vecinos sin experiencia y sin sueños, y a familiares sin deseos de superación, que atraer emprendedores, a profesionales, a gente creativa, responsable y disciplinada que están buscando cosas concretas.

Anteriormente te comenté, como ejemplo, que una de mis campañas más efectivas para atraer socios es mi formula del «Proyecto 10 mil», en el que enseño cómo generar una ganancia de 10 mil dólares en 4 o 5 meses, después de comenzar tu negocio.

Hace unos años, me encontraba atrapado en una productividad de cinco cifras y no lograba salir de ahí. —Por cierto, cinco cifras significa cantidades dinero comprendidas entre 10,000 y 99,000 dólares, y cuando se habla de 6 cifras se está hablando de ingresos entre 100,000 y 999,000 dólares—. Y fue gracias a un poderosa mentoría con el equipo de Frank Kern como llegamos a la conclusión de que patrones culturales, familiares y religiosos me mantenían bloqueado. Y fue cuando los identifiqué y decidí terminar con ellos cuando pude pasar a las 6 cifras anuales.

Por eso, al colocar cifras como 10 mil o 100 mil dólares en mis campañas «estoy filtrando a todos aquellos que no se pueden ver ganando esas cantidades».

Por supuesto, los primeros que tenemos que saber que sí se puede y nos lo merecemos somos nosotros mismos. Por ello, nunca podremos liderar a gente que tenga sueños más grandes que los nosotros tenemos, y si nos llegara alguien así, pronto terminará trabajando con otro, pero no con nosotros. Por lo tanto, debes asegurarte de que tu nivel de creencia es el apropiado para el nivel de socios que estas buscando.

En el mundo offline, fuera del internet, yo digo que los socios de calidad no nos los encontramos en la pizzería de la esquina, sino en lugares finos, donde llega con frecuencia la gente que califica más fácilmente para mi negocio.

En el mundo en línea, nuestras campañas de Facebook Ads nos permiten llegar a los niveles económicos deseados, a los profesionales categorizados por especialidad, etc.

Por mis estudios en Comunicaciones y Mercadotecnia partícipe en importantes campañas de publicidad en los medios tradicionales, y nunca podíamos ser tan específicos como lo que ahora nos permiten las redes sociales.

Facebook, Instagram, Youtube y Google Ads muestran nuestro contenido pagado específicamente a la gente que estamos buscando. De ahí la importancia que tiene que en el momento de describir nuestro cliente ideal seamos lo más específicos posibles. Esto, además, nos ayudará en el momento de entrar a la etapa de contratación.

SECRETO # 18

¿Qué es y cómo se usar un embudo magnético?

El Embudo Magnético o Ecosistema Magnético, como yo le llamo, está compuesto por una serie de elementos que te permiten colocar en piloto semiautomático la prospección, evitando así el desgaste y ayudando a lograr un mayor impacto.

El mejor ejemplo son los Sistema de Entrenamiento Gratis que nos permiten combinar la publicidad orgánica y la pagada, para generar miles de prospectos, entre los que generamos una relación y de entre los cuales algunos eventualmente se convertirán en nuestros socios, al saber que el mismo sistema que nosotros estamos usando lo podrán usar ellos para hacer de su negocio algo muy dinámico y profesional, y sin la necesidad de que sean unos expertos en mercadeo digital o que tengan que invertir los miles de dólares que nosotros invertimos para desarrollar todas esas piezas de mercadeo.

Un embudo no es una pagina de captura, sino todo el sistema que permite prospectar, presentar y lograr una toma de decisión de parte del prospecto.

El embudo no termina cuando la persona decide hacer el negocio o hacer una compra. El embudo incluye el seguimiento para tratar de hacer más ventas y/o para entrenar a los socios, y así poder ayudarles a acelerar sus resultados.

La frustración que puede producir la búsqueda de prospectos es parte de la vida diaria; sin embargo, un embudo magnético adecuado te puede evitar hablar con gente que no está interesada realmente o con personas que solo están buscando botones mágicos.

Un embudo es tu mejor filtro, ya que te permite hablar con los más enfocados, con los más determinados, con aquellos que están listos para aprovechar la oportunidades profesionales que se presentan.

Si necesitas crear un embudo esto te podrá tomar varias semanas o incluso meses, y por supuesto varios miles de dólares, pero déjame decirte el esfuerzo y coste que valen la pena.

Y si, por el contrario, tus patrocinadores te entregan un embudo, debes aprovecharlo ya que con un embudo puede llegar a hacer entre el 70 y el 90% del proceso de prospección, presentación y cierre.

En el nuevo mundo ningún negocio, dentro o fuera del internet, funcionará si no tiene un embudo.

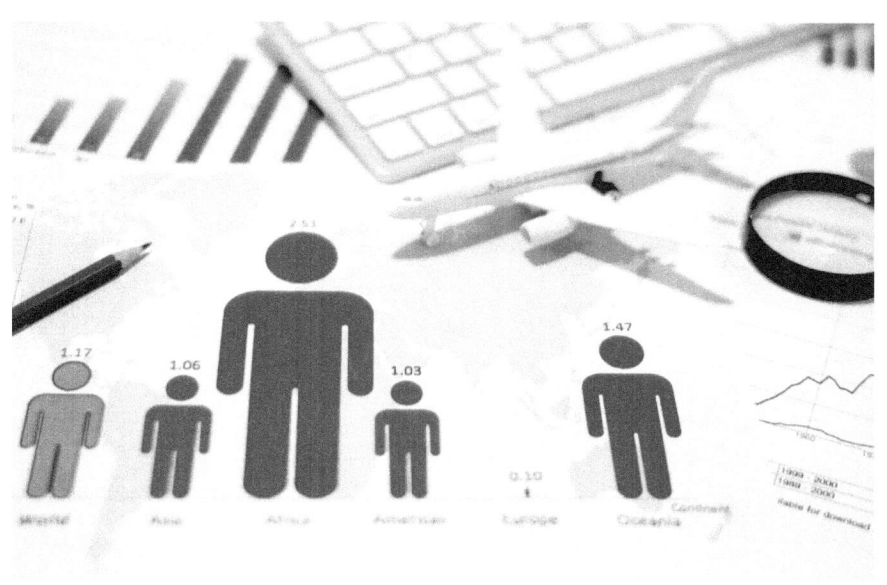

SECRETO # 19

Cómo generar miles de prospectos del tráfico frío

Hay varias fuentes de tráfico, pero las más efectivas para los negocios de Multinivel o Ventas Directas son tres: Facebook, Youtube e Instagram.

En Facebook debes generar prospectos desde las «fanpages» o Páginas de Negocios, que están dedicadas para que crees comunidades en base a cada uno de los intereses específicos que identificaste cuando analizaste tu nicho de mercado.

Esas «fanpages», al igual que los grupos especializados, son una fuente inagotable de prospectos, y en ellas la inversión más importante que haces es cuando generas contenido de valor para tus seguidores, el cual te ayuda a profundizar tu relación con ellos.

Cuando estoy en modo de «Marketing» acostumbro a publicar en cinco grupos cada hora, o cada dos horas. Hago publicaciones que generen el tráfico hacia la «fanpage» o hacia el grupo en el que estaré compartiendo el contenido de valor. Esa publicaciones son solo un gancho, con una oferta irresistible para que la gente llegue a donde yo quiero que lleguen.

Una vez que llegan a mi «fanpage» o grupo de destino hago mi mejor presentación, para comenzar la relación.

Por supuesto que la contratación de publicidad es la forma más efectiva y acelerada para la generación de prospectos. En los últimos meses del 2019 hemos experimentado un aumento sorprendente de prospectos en nuestras campañas desde las «fanpages» hacia nuestros grupos en

WhatsApp, y de ahí los enviamos a la siguiente fase del embudo, en donde el cierre ronda entre el 10% el 15% del total de prospectos que llegan hasta el final.

Lo mismo sucede con Youtube. Son el contenido con titulares optimizados para ser encontrados por los buscadores y vídeos de diez a veinte minutos los que mejor funcionan para generar el interés del público. Desde allí, de igual forma, los llevó a una comunicación directa a mi Whatsapp o los cruzo de red enviándolos a la página o grupo destino en Facebook.

La red de Instagram es un poco más artística, pero igualmente efectiva, siempre y cuando se tenga el cuidado de crear una comunidad de seguidores a quienes después se les saca de ahí hacia tu WhatsApp o tus páginas de destino en Facebook.

Por supuesto que cuando eres un poco más afortunado y cuentas con un embudo o un ecosistema los puedes enviar a tus páginas de captura, para que desde ahí continúen guiados por el sistema hasta la presentación.

SECRETO # 20

Cómo generar miles de prospectos del tráfico pagado

Hacer mercadeo pagado desde la «fanpage» no es tan complicado como la matemática cuántica, pero sí requiere aplicar el conocimiento de todo lo que hemos estado aprendiendo en cada uno de los capítulos anteriores.

Lo primero que tienes que saber es que en Facebook solo puedes contratar publicidad desde una «fanpage» o página de negocios, aunque, por cierto, puedes tener todas las que necesites para cada nicho de mercado.

A continuación te daré secretos específicos para publicidad que busca encontrar prospectos para productos de multinivel o para presentar la oportunidad. Estos son:

1. El primer secreto radica en tener una «fanpage» profesional, no vinculada a ninguna empresa de multinivel o marca en especial, para poder así generar publicidad genérica que pregunte por los beneficios de una oferta irresistible.

2. Puedes usar un reporte, una guía, un ebook, una consulta gratis, un entrenamiento en audio o video, para descubrir quienes están interesados en el tema que propones, y que no necesariamente tiene que ver con la propuesta final, pero que sí filtra a los que pueden calificar para nuestro proyecto.

3. La fórmula es la misma para productos o para servicios: un anuncio, un puente para un grupo en Facebook o Whatsapp, o una presentación

4. Un presupuesto de $5 o $10 dólares diarios puede ahorrarte cientos de encuentros innecesarios de

gente que te va a rechazar, y te permitirá solo trabajar con los que se sienten atraídos hacia tu propuesta.

SECRETO # 21

Cómo lograr grandes resultados a alta velocidad

Al éxito y el dinero les gusta la velocidad.

Esto es una verdad absoluta en los negocios. Y todo puede comenzar con la decisión firme de participar en un negocio que está en su momento, que cuenta con un sistema de prospección masiva y que, por supuesto, tiene un plan de pago que en poco tiempo permite que tengamos un flujo de «cash», y que poco a poco se convierta en un residual importante.

Después de tomar la decisión, lo siguiente que tenemos que hacer es escribir las metas a corto plazo, entre uno a seis meses. Luego lo haremos para más largo plazo, entre doce y veinticuatro meses. También tenemos que hacer un inventario de lo que necesitamos para dar esos resultados.

A continuación, en tercer lugar, lo que tenemos que hacer es convertir esos planes en disciplinas diarias, hasta el punto que esa autodisciplina se convierta en un hábito de vida, la vida de tu negocio y tu propia vida. Recuerda que al final estamos viviendo los resultados de las cosas que hacemos o de las que dejamos de hacer todos los días.

Procura seleccionar a los mejores socios. Eso es muy importante, porque un buen negocio con malos socios es un negocio cuesta arriba.

Una vez decidido no veas las excusas, busca soluciones, no veas los obstáculos, enfócate en los resultados. No te dejes convencer por las pequeñas mentes que tratarán de boicotearte en tu camino hacia la grandeza, no veas tus errores del pasado, porque eso no ayuda, y enfócate en la actitud presente. Eso hace la diferencia.

No te paralices. No tengas miedo a equivocarte, es preferible equivocarse intentándolo que fracasar en la zona de no decisiones.

¡Éxitos! Y, como dijo Zig Ziglar, ¡Nos vemos en la Cumbre!.

Contacto

Edgardo Moreno

edgardomorenov@gmail.com

Whatsapp +15626745958

Facebook: www.edgardomoreno.tv

Twitter: @edgardomlm

Instagram: edgardomorenoviera

www.ingramcontent.com/pod-product-compliance
Lightning Source LLC
Chambersburg PA
CBHW021420210526
45463CB00001B/456